ການມີສຸຂະພາບທີ່ດີ

ຂຽນໂດຍ: ອາມານົ ກູນາວາດານາ
ຮູບໂດຍ: ມາເຣຍ ລູຊົນາ

Library For All Ltd.

ອົງການ Library For All ແມ່ນອົງການທີ່ບໍ່ຫວັງຜົນກຳໄລ ທີ່ມີພັນທະກິດທີ່ຈະເຮັດໃຫ້ທຸກຄົນ ສາມາດເຂົ້າເຖິງແຫຼ່ງຄວາມຮູ້ ຜ່ານບະອັດຕະກຳຫ້ອງສະໝຸດດິຈິຕອນ. ເຂົ້າເບິ່ງລາຍລະອຽດເພີ່ມເຕີມທີ່: libraryforall.org

ການມີສຸຂະພາບທີ່ດີ

ຈັດພິມຄັ້ງທຳອິດໃນປີ 2019. ແປ ແລະ ຈັດພິມໃນ ສປປ ລາວ ປີ 2019.

ຈັດພິມໂດຍ: ອົງການ Library For All
ອີເມວ: info@libraryforall.org
URL: libraryforall.org

ປຶ້ມພາສາລາວເຫຼັ້ມນີ້ ຖຶກສະໜັບສະໜູນໂດຍການຮ່ວມມືຂອງ

ຮູບແຕ້ມຕົ້ນສະບັບໂດຍ ມາເຣຍ ລູຊິບາ

ການມີສຸຂະພາບທີ່ດີ
ກູນາວາດານາ, ອາມານີ
ISBN: 978-9932-09-064-8
SKU00856

ການຮັກສາວິຖີຊີວິດໃຫ້ມີສຸຂະພາບທີ່ດີ
ເປັນສິ່ງທີ່ສຳຄັນຖ້າຫາກທ່າບຕ້ອງການທີ່
ຈະເຕີບໃຫ່ຍຂຶ້ນມາເປັນບຸກຄົນທີ່ດີທີ່ສຸດທີ່
ທ່ານສາມາດເປັນໄດ້.

ການມີສຸຂະພາບທີ່ດີໝາຍຄວາມວ່າ...

ການກິນອາຫານເພື່ອສຸຂະພາບ.

ນີ້ໝາຍເຖິງການເລືອກກິນອາຫານທີ່ດີ
ທີ່ທ່ານກິນເຂົ້າໄປໃນຮ່າງກາຍ.

ຜັນຜະລິດສິດ, ຊີ້ນ, ນົມ ແລະ ທາດແປ້ງ
ເປັນສິ່ງທີ່ສຳຄັນໃນການສ້າງກະດູກ
ແລະ ຮ່າງກາຍໃຫ້ແຂງແຮງ.
ການກິນທີ່ດີຈະຊ່ວຍໃຫ້ມີສະມາທິ
ແລະ ຮັກສາລະດັບພະລັງງານ
ໃນຮ່າງກາຍຂອງທ່ານ.

ພາລະກິດ: ໃຫ້ຄິດຫາວທາທາບທີ່ທ່າບກິນມື້ນີ້
ທີ່ເຮັດໃຫ້ທ່າບມີສຸຂະພາບດີ.

ການດື່ມນ້ຳຫຼາຍໆ.

ການດື່ມນ້ຳຊ່ວຍໃຫ້ຮ່າງກາຍຂອງທ່ານ
ເຮັດວຽກໄດ້ຢ່າງເໝາະສົມ.
ເດັກນ້ອຍທີ່ດື່ມນ້ຳບໍ່ພຽງພໍອາດ
ເຮັດໃຫ້ຮ່າງກາຍຂາດນ້ຳ ເຊິ່ງສາມາດ
ເຮັດໃຫ້ພວກເຂົາຮູ້ສຶກເມື່ອຍ ແລະ
ຂາດພະລັງງານ. ການດື່ມນ້ຳຍັງຊ່ວຍຂັບ
ລ້າງສານພິດອອກຈາກຮ່າງກາຍ
ທີ່ສາມາດເປັນສາເຫດ
ເຮັດໃຫ້ມີການເຈັບປ່ວຍ.

ພາລະກິດ: ທ່ານສາມາດຄິດຫາວິທີທາງເພື່ອ ໃຫ້ແນ່ໃຈວ່າ ທ່ານດື່ມນ້ຳພຽງພໍໃນທຸກມື້ໄດ້ບໍ່?

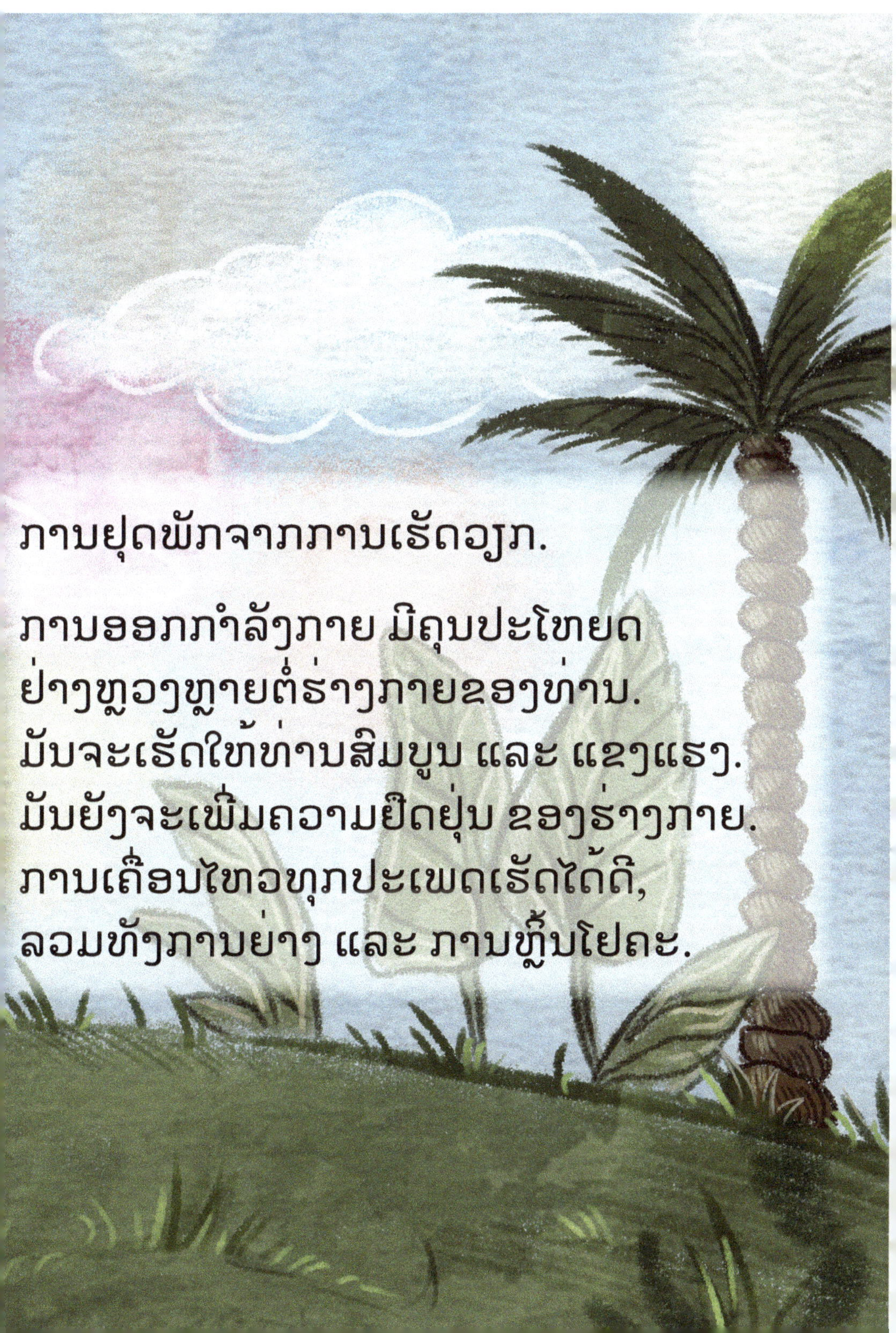

ການປຸດພັກຈາກການເຮັດວຽກ.

ການອອກກຳລັງກາຍ ມີຄຸນປະໂຫຍດ
ຢ່າງຫຼວງຫຼາຍຕໍ່ຮ່າງກາຍຂອງທ່ານ.
ມັນຈະເຮັດໃຫ້ຮ່າງກາຍສົມບູນ ແລະ ແຂງແຮງ.
ມັນຍັງຈະເພີ່ມຄວາມຍືດຍຸ່ນ ຂອງຮ່າງກາຍ.
ການເຄື່ອນໄຫວທຸກປະເພດເຮັດໄດ້ດີ,
ລວມທັງການຍ່າງ ແລະ ການຫຼິ້ນໂປຣະ.

ພາລະກິດ: ຄິດຫາກິດຈະກຳຕ່າງໆ
ທີ່ເຮັດໃຫ້ຫາງເຄື່ອນໄຫວ
ຢ່າງສະໝ່ຳສະເໝີ?

ການພັກຜ່ອນໃຫ້ພຽງພໍ.

ເດັກນ້ອຍທີ່ກຳລັງຫຍຸ້ງ
ກັບຊີວິດການໄປໂຮງຮຽນ, ເຂົ້າຮ່ວມ
ກິດຈະກຳຕ່າງໆທັງເລີກຮຽນເຊັ່ນ
ການຫຼິ້ນກິລາ ແລະ ເຮັດວຽກບ້ານ
ສາມາດເຮັດໃຫ້ເດັກນ້ອຍ
ມີຄວາມອິດເມື່ອຍ. ການເຂົ້ານອນ
ໃຫ້ຕຶກເວລາຈະຊ່ອຍໃຫ້ຮ່າງກາຍ
ຂອງເຂົາເຈົ້າ ໄດ້ພັກຜ່ອນ ແລະ
ຊ່ອຍຟື້ນຟູຮ່າງກາຍໃນມື້ໃໝ່.

ພາລະກິດ: ຄິດຫາກົດຈະວັດກ່ອນບອບ
ຂອງທ່ານ. ທ່ານໄດ້ເຮັດຫຍັງແດ່
ເພື່ອກຽມພ້ອມກ່ອນເຂົ້າບອບ?

ການມີສຸຂະພາບທີ່ດີແມ່ນ
ພາກສ່ວນທີ່ສຳຄັນ ຂອງຊີວິດ.
ທຸກໆຄົນຈະໄດ້ຮັບຜົນປະໂຫຍດ
ທາງດ້ານບວກກ່ຽວເນື່ອງຈາກອາຫານ,
ເຄື່ອງດື່ມ, ການເຮັດວຽກ, ການພັກຜ່ອນ
ແລະ ການຫຼິ້ນກິລາ.

ພາລະກິດ: ຄິດຫາສິ່ງທີ່ທ່ານສາມາດເຮັດໄດ້
ເພື່ອເຮັດໃຫ້ຊີວິດຂອງທ່ານມີສຸຂະພາບ
ທີ່ດີຂຶ້ນໄດ້ບໍ່?

ຂໍ້ມູນທາງບັນນາບຸກົມຂອງຫໍສະໝຸດແຫ່ງຊາດ

ອານານິ ກູນາວາດານຳ

ການມີສຸຂະພາບທີ່ດີ 4 / ໂດຍ ອານານິ ກູນາວາດານາ.
-- ວຽງຈັນ: ນັກອານ, 2020

22 ໜ້າ: ພາບປະກອບສີ; 21 ຊມ
1. ວັນນະກຳສຳລັບເດັກ
I. ຊື່ເລື່ອງ

808.899282 – dc21
ISBN 978-9932-09-064-8
ເລກທະບຽນພິມຈຳໜ່າຍ: ຕາມຫບ 147 ພຈ 03022020

ກ່ຽວກັບຜູ້ຂຽນ

ອານານົ ກູບາວາດດານາ ໄດ້ອົບພະຍົບຈາກສີລັງກາ ມາອາໃສຢູ່
ປະເທດອົດສະຕຣາລິພ້ອມຄອບຄົວຂອງລາວ ຕອນລາວອາຍຸໄດ້
5 ປີ. ລາວໄດ້ຮຽນຢູ່ມະຫາວິທະຍາໄລ ແດກິນ, ເມວເບິນ, ແລະ
ໄດ້ຮັບປະລິນຍາທາງດ້ານ ສຶກສາສາດ. ບອກຈາກຈະເປັນ
ແມ່ທີ່ຕ້ອງລ້ຽງລູກນ້ອຍ 3 ຄົນ, ລາວມັກທີ່ຈະຂຽນເລື່ອງຕ່າງໆ
ເມື່ອລາວມີເວລາວ່າງ. ລາວມີຄວາມສຸກກັບການອ່ານປຶ້ມ
ກ່ຽວກັບເດັກນ້ອຍ ທີ່ມີຄວາມແປກປະຫຼາດ, ມີຈິນຕະນາການ
ແລະ ມີຄວາມນ່ອນຊື່ນ.

ທ່ານມັກປຶ້ມເຫຼັ້ມນີ້ບໍ່?

ທ່ານສາມາດອ່ານປຶ້ມແບບນີ້ໄດ້ເພີ່ມເຕີມ
ທີ່ຜະລິດໂດຍອົງການ Library For All

ອົງການ Library For All ຜະລິດສື່ການອ່ານ ທີ່ມີຄຸນນະພາບ
ເໝາະສົມກັບວັດທະນະທຳເພື່ອການສຶກສາ ໂດຍນຳໃຊ້ນະວັດຕະ
ກຳແຫັບພິເຄຊັ່ນທ້ອງສະໝຸດແບບອິນຸກ. ພວກເຮົາເຮັດວຽກຮ່ວມ
ກັບນັກຂຽນໃນທ້ອງຖິ່ນ, ຄູອາຈານ, ທີ່ປຶກສາດ້ານວັດທະນະທຳ,
ລັດຖະບານ ແລະ ອົງການຈັດຕັ້ງທີ່ບໍ່ຂຶ້ນກັບລັດຖະບານ
ເພື່ອມອບຄວາມສຸກຂອງການອ່ານໃຫ້ແກ່ເດັກນ້ອຍ ທຸກໆແຫ່ງ.

ມາອ່ານນຳກັບເຮາະ!
libraryforall.org